こどもの国ニッポンのつくりかた

一般財団法人 1more Baby 応援団 編

いま、日本が抱える、将来のいちばん大きな不安。

そのひとつが、少子化の問題です。

もうひとり子どもが欲しい、と願うパパ・ママを応援すること。

そして、子どもを安心して育てられる社会を目指して。

一般財団法人1more Baby応援団は、活動をスタートさせました。

この本は、私たちが思い描いた、少子化のない、2030年の日本。

そして、その日本をつくるためのヒントやアイデアです。

これからの未来に向けて、できることは何だろう。

そう、じぶんに問いかけながら、この本を読み進めていただけたら。

こんなにうれしいことはありません。

ここは 2030年
こども大国ニッポン

「おめでとう！」

その国では
若いふたりの結婚を
国中が
祝福してくれる

その国では

３０秒にいちど　命が生まれる音がする

それは　未来がはじまる音

赤ちゃんが生まれたら
畑がもらえる

こどもも 野菜も ぐんぐん育っていく

こどもだって 仕事をおてつだい

未来の君は どうなるかな？

こそだてママも
安心して働ける

その国では
パパもみんな育休をとる

もちろん 残業なんてしない

町のあちこちで
保育士がだいかつやく

きょうも またひとつ
奇跡みたいに 命が生まれる

その国は 世界でいちばん
こどもを産みやすい国

「もうひとり家族がいたら
楽しいと思わない？」

その国では
みんながもう知っている

こどもは何より
人生をゆたかにしてくれる宝物

（でも本当にこんな未来は来るのかな）

日本の出生率は低下を続け いま 1.43※

※2014年時点

このままだと
こどもがどんどんいなくなってしまう

でも いまから
ひとつずつ 正しい未来を
えらびとっていけるなら

こども大国ニッポン

2030年、日本はどうなるの？

KEYWORD 1 「結婚のタイミング」・・・・・・・・・・・・・・・48

KEYWORD 2 「子どもを育てやすい社会って？」・・・64

KEYWORD 3 「お金の話」・・・・・・・・・・・・・・・・・・・・・・・82

「少子化、少子化って、言われているけれど、
ほんとうに、そんなに深刻なの？
ちょっと大げさなんじゃないの？」
内心そう思っている人も多いかもしれません。

「社会のために、子どもを産みましょう、と言われても困る」
それも、確かに、そう。
子どもを産むか産まないかは、個人の自由。

でも、時計の針を少し進めて、
日本の風景を想像してみてほしいのです。

ここでは、日本の人口の未来予想を表す、
いくつかの数字を取り上げて、
みていきましょう。

−0.17%

「マイナス」というところに注目。

この数字は、人口の増減数の割合。

日本は、数年前から、人口減少国になってしまっているのです。

実は、これって、日本が、戦後、はじめて経験すること。

いま、日本は、歴史的に見ても、すごく「特殊な」状況にあるんです。

人口増減率

【出典】人口推計（平成26年10月1日現在）、総務省統計局

21.5万人

日本で、一年間に減少する人口の数。

茨城県つくば市の人口が、約22.1万人。

これくらいの人数が、

一年間に日本から消えてしまうぐらいの勢いで、

この国では、人口が減っているのです。

【出典】人口推計（平成26年10月1日現在）、総務省統計局　つくば市ホームページ（平成27年4月時点）

1.43

ちょっと難しい言葉ですが、現在の日本の「合計特殊出生率」。

ひとりの女性が一生に産む子どもの数の平均。

2以下だと、当然、人口は減っていきます。

つまり2が、1.43に、そのまた、次は、さらに減って…という風に。

第一次ベビーブームの頃は、この数は、4以上ありました。

【出典】人口動態統計（平成25年10月1日現在）、厚生労働省

※一般に合計特殊出生率とは、「期間合計特殊出生率」のことを指し、ある期間（1年間）の出生状況に着目したもので、その年における各年齢（15～49歳）の女性の出生率を合計したもの。

75万人

2030年に生まれる子どもの数の予想です。

1972年の団塊ジュニア世代が生まれたときには、

一年間に生まれた子どもの数は、204万人。

この40年で、子どもが生まれる数は、

なんと、半分以下になってしまいました。

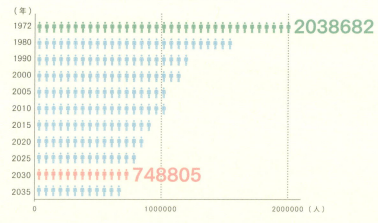

2030年までの出生数予測

【出典】〜2010年：人口動態統計（平成25年10月1日現在）、厚生労働省
2015年〜：日本の将来推計人口 - 出生中位・死亡中位仮定 -（平成24年1月推計）、国立社会保障・人口問題研究所

でも、これらの数字は、予想の数字。

予想、ということは、変えられる。

回復していく道だって、きっとあるはず。

このまま少子化を迎えていくのか。

少子化を解決する未来へ向かうのか。

つまり、いま、この瞬間は分かれ道。

どうすれば、「こども大国ニッポン」をつくれるのか、

ここから先は、3つのキーワードをあげて見ていきましょう。

KEYWORD 1
結婚のタイミング

少子化解決のためには、早婚化を、と言われています。
でも、いつ結婚するのかは、個人の自由。
大事なのは、結婚したいときに結婚できる、ということ。

PROBLEM

なかなかみんなが結婚しない時代は、
なかなか子どもが生まれない時代。

　「晩婚化／晩産化」という言葉をどこかで聞いたことはないでしょうか? 昭和の終わり頃は、男性は28歳頃に、女性は25歳頃に結婚するのが一般的でしたが、ここ数十年、平均初婚年齢は上がり、2013年時点で男性は30.9歳、女性は29.3歳にまで上昇しています。それに伴い、女性の初産年齢も上昇し、2013年時点では平均30歳を超えています。

　その影響もあり、近年、夫婦が生涯に持つ子どもの平均人数(完結出生児数)は減っており、2010年にはついに「2人」を下回りました。晩婚化・晩産化は世帯の平均子ども人数を減らす、一つの要因になっているのです。

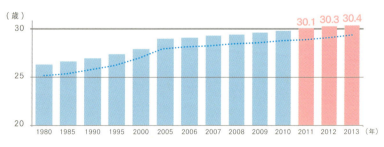

第一子出産年齢と初婚年齢（女性）

【出典】人口動態統計（平成25年現在）、厚生労働省

「本当は、もうひとり欲しいのに…」
産みたい人数と、産んでいる人数にギャップが。

　晩婚化が進行しても、既婚者の理想の子ども人数は「2人以上」が大半です。「子どもを2人以上持ちたい」という希望は、根強く存在しているのです。しかし、「現実の子ども人数」である"完結出生児数"は、2010年に2人を割り込んでいます。
　子ども人数の希望と現実には、実は大きなギャップが存在しているのです。
　その理由のひとつとして考えられるのが、女性は、年齢と共に妊娠がしにくくなる傾向があるということ。特に、30代半ば以降は、その傾向が顕著になります。これは、30歳で初産を終えた人が、2人目、3人目を産むときにもあてはまる傾向です。結婚や出産を「する・しない」はもちろん、何歳でするかは、個々人の価値観によるもので、誰かに強いられるものではありません。誰でも結婚や出産を「したいとき」に「することができる」環境づくりが大切なのではないでしょうか。

完結出生児数と理想子ども数

【出典】第14回出生動向基本調査、国立社会保障・人口問題研究所

CASE STUDY

若いふたりの愛を育もう。
自治体や民間団体で進む、応援のかたち。

　将来、何人の子どもが欲しい？と聞かれたとき、あなたは、どう答えていましたか？2人？3人？その夢をかなえるためには、パートナーがいること。そして、そのパートナーと早く出会い、愛を育むこと。晩婚化、晩産化のひとつの原因は、未婚者が「適当な異性にめぐり合わない」ことだと言われています。実際、25～35歳の未婚者の「半数近く」は、現在、交際相手がいません（出典：第14回出生動向基本調査、国立社会保障・人口問題研究所）。また、その比率は、今後、高まっていくと予測されています。

　そこで、数多くの自治体や民間団体が、交際相手のいない人への「出会いの場」を提供しようと、いろんな施策を実施しています。

カップル成立率42.7％！にいがた出会いサポート事業

　例えば、新潟県では、2008年度から結婚を希望する独身男女に出会いの場を提供する「にいがた出会いサポート事業」を実施しています。この事業は、毎回、県内の企業・団体等が、さまざまなイベントやパーティーを企画するもので、これまで、商工会、農業協同組合、ラジオ局等が男女の出会いの場を提供しています。事業を開始した2008年度からこれまでに計191のイベントが開催され、イベント当日のカップル成立率は、当初は25.1％だったものが、2014年度には42.7％にまで増加し、イベント当日のカップル成立累積数は1050組にも達しています。

妊活旅行を大々的にサポート！
"Do it for Denmark!"キャンペーン

　デンマークでは、結婚した後のふたりが、子づくりをすることを応援しよう！というキャンペーンが行われました。仕掛けたのは、同国の旅行会社のSpies。ロマンチックな旅に出て、子づくりしよう、という呼びかけで、しかも、その旅行中に妊娠すると、おむつ3年分や子連れ旅行がもらえるというもの。日本人には刺激的すぎるかもしれませんが、企業発の面白い取り組みです。

　日本の政府も、2014年から、「婚活イベント」に補助金を出し、自治体の未婚対策を支援していくことを決めました。でも、出会いを特別なものにするのは、ちょっとしたアイデアや演出が大事。"Do it for Denmark!"のような、民間発、個人発の自由な発想が求められているのかもしれません。

"Do it for Denmark!" キャンペーン　http://doitfordenmark.parseapp.com/

IDEAS FOR 2030

「まだまだ未熟なふたりですが…」
未熟だからこそ、みんなが応援する社会へ。

　「まだまだ未熟なふたりですが」という結婚式でよく新郎が語る言葉。若く未熟なふたりだからこそ、みんなが応援する、そんな社会になると素敵だと思いませんか。

　若く結婚する、ということは、収入も低いうちに結婚する可能性が高いということ。就職して間もないうちに結婚するふたりに対して、精神的な面でも、金銭的な面でも、応援することが欠かせません。

こども大国ニッポンにむけて

2030年、結婚式や新居購入、
ハネムーンに、若者割が導入される？

　例えば、学割のような制度を、早く結婚する人に対して行えないか、という発想。結婚式場や新居購入、ハネムーンに、若者割を導入するというのもアイデアのひとつ。例えば、婚活休暇を会社の制度として導入する、というのも有効な手かもしれません。

　こうした試みが行われることで、「若いカップルの結婚をみんなが応援している」という社会の雰囲気をつくることになる。そうした「雰囲気づくり」も大事なことなのかもしれません。

自然と早婚化が進んでいく
雰囲気をつくるために
なにができるだろう。

COLUMN 1
「若い世代が、もっと結婚しやすい社会に」

安藏 伸治氏

　日本の少子化は1973年頃から始まりましたが、結婚した女性が子どもをもうける「有配偶出生率」は70年代以降大きな減少を見せていません。少子化問題の最大の要因のひとつは「未婚化」にあり、次に「晩婚化」と「晩産化」による出産年齢の上昇が第三子、そして第二子出生の減少や不妊の増加に結びついているのです。

　この背景には、女性の経済的自立が進んだことによる家族観の変化や、成人後も自分の両親と同居する男女が増え、男性は伝統的性別役割を担う女性を、女性は経済的安定と家事を分担してくれる男性を求める傾向が強くなり、男女間の結婚や価値観に乖離が生じていることがあげられます。さらに、経済低迷により男性の収入や雇用状況が悪化し、女性には結婚・出産・子育てと仕事を両立しやすい環境が十分整っていないという厳しい状況があるのです。

　「少子化社会対策大綱の策定に向けた提言」には、「若者の結婚の希望がかなうような環境の整備が極めて重要であり、子育て現役世代をしっかり支えることが重要」と明記されています。そのためにはまず、標準世帯を「父親の

一般財団法人1more Baby応援団　理事
明治大学政治経済学部　教授
明治大学付属明治高等学校・明治中学校　校長
日本人口学会　理事(前会長)

片働きで、妻と子ども2人を扶養」ではなく「夫婦共働きで、子ども2〜3人」と定義し直し、若い男女が結婚を決意し、子どもを持ちやすい社会にしていくことが必要です。企業も育児支援制度を「優秀な人材に残ってもらうための投資」として考えていく必要があるでしょう。不妊治療のための休暇を認めたり、長時間労働を抑制し、家族や家庭が何よりも最優先とする環境を整えることも大切です。

　一般的に、人は、価値観や育ってきた環境などが同質的な結婚相手を求める傾向が強いと言われています。結婚は個人の自由ですが、理想の相手に早く出会う確率を高めるには、同窓会や友人の結婚式に参加するなど、自分の行動半径を、まず身近なところから広げてみるのがよいかもしれません。

　2030年、少子化が解決した未来には、家族とともに夕飯を家庭でとるお父さんたちが増えている、そんなやさしい風景が広がっていたらいいなと思います。

COLUMN 2
「若いうちから、結婚、出産、育児について考える機会を」

齊藤 英和氏

　現在の日本では晩婚化・晩産化が進んでいますが、調査によると結婚した夫婦はどの世代も平均2.4人の子どもを求めていると言われています。しかし、実際には、妊娠しやすさは年齢とともに変化し、20代前半でピークを迎え20代後半からは徐々に低下、35歳では約半分になります。卵子の数も加齢とともに減少し、不妊の原因とされる子宮内膜症や流産、妊娠中の合併症、赤ちゃんの先天異常率も高まります。男性も加齢とともに精子の質に劣化が見られ、生まれる赤ちゃんの先天異常や精神疾患、相手の流産リスクが高まることが科学的に証明されています。医学的には、妊娠・出産・育児にもっとも適しているのは、男女ともに20代なのです。

　最近は体外受精を選択する人も増えていますが、年齢が高くなると成功率は低下し、30代で20％、45歳では1％以下に。一回の治療を約30万円とすると、40歳で出産するために平均370万円、45歳では3780万円もかかります。卵子・卵巣の冷凍保存を選んだ場合も、母体の加齢に伴う体力の低下・有病率の上昇や冷凍保存の管理費、長期保存の安全性など、課題は少なく

一般財団法人1more Baby応援団　理事
国立研究開発法人国立成育医療研究センター
周産期・母性診療センター
副周産期・母性診療センター長

ありません。高齢で出産する人も確かにいますが、卵子の数や妊娠のしやすさには個人差があるので「40代半ばで産んだ人がいるから自分も大丈夫」といった考えは、必ずしも当てはまらないのです。

　子どもを持ちたい、と思うようになってから、妊娠・出産について考えるのでは遅いのです。若いうちから結婚・出産・育児について考える機会をつくるためには、教育が不可欠です。例えば小学校の授業の中でも、年齢に応じた教育を、その都度行っていくことが大切です。また、血液検査で卵巣内の卵子数を反映するAMH値を調べることも、将来設計に有効な手立てと言えるでしょう。政府や民間が連携し、子どもを育てやすい社会環境を整えることももちろん必要です。

　2030年の未来は、多くの人たちが「家庭を持つことが楽しい」と感じている社会になるといいなと思います。人間ですから喧嘩をすることももちろんありますが、ぶつかりあいながら相手への理解を深め、人生をハッピーと思う余裕が育ってくるといいですね。

COLUMN 3
「お母さんの産みたい気持ちを ちゃんとサポートすること」
宋 美玄 氏

　今の日本社会には、妊娠可能な年齢に限りがあることがわかっていても、出会いに恵まれなかったり、キャリア形成期とのバッティングや経済上の理由から、妊娠できる環境が整わないまま年を重ねている女性が多くいます。私自身、女医として十分な知識はあっても、第一子を授かることができたのは35歳の時でした。妊娠・出産はその女性だけに責任のある問題ではありません。男性や周囲の人たち、社会の理解や協力が必要なのです。

　忘れてはならないのは「産後ケア」の問題です。出産で女性の身体には大きな負担がかかりますが、無痛分娩のニーズや、体力が消耗した状態での育児のつらさについては、残念ながら男性にはあまり理解されていないように思います。「嫁が我慢すればいい」「昔の女性はつらくても耐えた」といった目線が、お母さんに不要なプレッシャーを与えているケースも少なくないのではないでしょうか。日本には「女は出産したら自動的に母性が芽生え、子どもを可愛く感じるようになるものだ」と信じられている風潮がありますが、実際には、出産後、心理的に余裕がなく、自分の子どもを可愛いと感じられない母親も20〜30％ほどいると

一般財団法人1more Baby応援団　評議員
産婦人科専門医　医学博士

言われています。また、出産後に生活支援が必要な母親をフォローする体制が十分にできていないため、母親が追い詰められるケースも少なくありません。

　私は今、まさに1more Babyが欲しいと思っているのですが、その理由は、一人目を産んでみて、なんて可愛いんだろう、と心から感じたからでした。母親が笑顔だと、子どもも笑顔になり「可愛い」と感じる気持ちも強まります。つまり、母親が余裕をもって育児ができる環境があることが「もうひとり欲しい」という気持ちにつながるのだと思うのです。お母さんのサポートについても、みんなが積極的に考え、お母さんが必要なサービスを安心して受けられる社会的雰囲気を育てていくべきだと思います。

　2030年の未来は、都心のカフェやレストランでも子どもたちが歓迎される、子どもにバリアフリーな社会にしたいですね。

COLUMN 4
「妊活で知ったのは、子どもを授かる、という奇跡」

矢沢 心 氏

　絶対に彼をパパにしてあげたい！彼との赤ちゃんを絶対に産む！という想いが、妊活中の心の支えでした。もともと排卵がしにくい「多のう胞性卵巣症候群」という病気だったので、結婚の翌年からすぐに不妊治療を始めました。流産も経験し、待望の長女を妊娠したのは約6年後。つらくて悲しいこともたくさんあったけど、あきらめたことは一度もありません。どうしても赤ちゃんが欲しかった。そして2人を授かった今、育児を楽しみながら幸せな生活を送っています。

　妊活中に私が心がけたことは、極力落ち込まないこと。実際はなかなか妊娠できなくて、落ち込んだりもする毎日だったんですけど。でも、落ち込んでばかりいると"いい事"は起きない気がしたので、笑顔の赤ちゃんを迎えるためにも前向きに考えるようにしました。そんな中、学んだのが人への接し方。強い言葉で相手を責めてしまったり、周囲の何気ない一言にショックを受けたり…言葉って、本当に難しい。とくにパートナーとの関係は大切。妊活を意識しすぎず、普段通りのコミュニケーションがいちばんです。

　妊娠ってタイミングも重要だと思うんです。体や仕事といった自分のタイ

女優・タレント

ミングに、彼とのタイミング、そして赤ちゃんのタイミング。だから、赤ちゃんを授かることは"奇跡"だし、とてもラッキーなことだと実感しています。いろんなタイミングが合って、私のところに来てくれた。ほんと奇跡ですよね。

　何かを始めたからといってすぐに結果がでるわけではない。子育てもそうだと思います。いちいち一喜一憂していたら、心がもたない。でも、あきらめずに信じていれば、願いは叶うと信じています。だって、不妊治療を経た私たち家族に「まさかの奇跡＝２人目」が訪れたんですもの。

　妊活や不妊治療に対してまだまだ偏見があるのも事実。でも、子どもを授かることは当たり前じゃないし簡単でもない。そのことを、みんなが理解していかないと奇跡も起きないと思います。例えば性教育の中でも、避妊と同じように不妊治療についても教えるべきなんじゃないかな。夫婦や家族だけでなく社会全体で、妊活を支えてもらえるとうれしいですね。妊活が当たり前の社会になれば少子化・高齢化も解決できるはず！２０３０年には、日本がもっと奇跡であふれるといいですね。

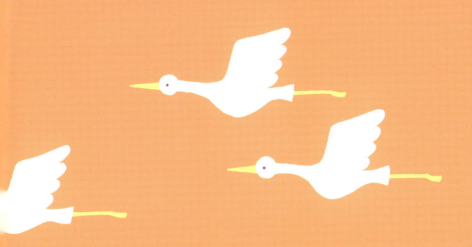

KEYWORD 2

子どもを育てやすい社会って？

子育てファミリーに冷たい社会ではなく、
もっと寛容で優しい社会へ。

PROBLEM

子育てを応援する制度はあっても子育てを応援する空気が足りない。

　赤ちゃんを連れているお母さんに、育児休業を取るお父さんに、日本の社会は冷たい？優しい？日本のこれまでの少子化対策の歩みを振り返ってみると子育て中のパパ・ママへの支援は、直接的・間接的問わず、数多く行われていることが分かります。しかし、充分に成果が出ているとは言えません。

　例えば、女性の出産後の就労率。これだけ施策が充実しても、1980年代とあまり変わらない38％という値で留まってしまっています。また、男性の育児休業取得率。なんと、たったの2.03％。さらには、パパの家事・育児の参加時間。これだけ対策が行われていても未だに諸外国の足元にも及びません。平均の家事関連時間はアメリカ、スウェーデン、ドイツなどでは3時間（1日あたり）を超えていますが、日本はたったの1時間（1日あたり）です。

　こういった状況を改善して寛容な社会をつくっていくには、当事者を支援する施策（虫の目施策）のさらなる拡充が重要であることは間違いないでしょう。

　しかし、もっともっと大事なことは日本のすべての人たちの意識改革かもしれません。そこで本章はすべての人—既に子育てを終えた人も、これから子育てをするであろう人も—を広く巻き込めるような施策（鳥の目施策）と子育てファミリーへの寛容さについて焦点を当てたいと思います。

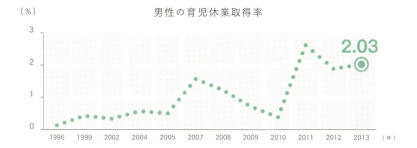

男性の育児休業取得率

【出典】雇用均等基本調査（平成25年）、厚生労働省

世界各国のパパの家事にかける時間（1日あたり）

【出典】"How Europeans Spend Their Time Everyday Life of Women and Men," Eurostat. "America Time-Use Summary," Bureau of Labor Statistics of the U.S.. 社会生活基本調査、総務省

PROBLEM

「日本は子育てに不寛容な国」を表す2つのデータ。

　では、ここで、子育てファミリーに寛容ではないいまの日本が示された2つのデータを見てみましょう。

　1つ目は、1 more Baby応援団が2014年6月に実施した調査。この調査によると、自分の子どもに「声かけ」や「手を振る」、「挨拶」をよくしてもらえると答えたパパ・ママは全体の30％程度しかいませんでした（ちなみに、「ベビーカーの昇り降りの補助」はたったの3％です！）。

　2つ目は同じく1 more Baby応援団が14年10月に実施した「OKゾーン調査」です。この調査は、子育て中のパパ・ママや周りの人との心地いい暮らしを考えるために、子育て中のパパ・ママと一般生活者の間で子育て意識や価値観にどのような差異があるか（これを「子育てOKゾーン」と名付けました）を調べたものです。

　全体的に一般生活者の方がそれぞれの行為に抵抗があり、「飲食店に幼児食や飲み物を持ち込むこと」や「バギーをたたまずに電車に乗ること」などは、とりわけ一般生活者の目が厳しい結果となりました。どれも、子育て中のパパ・ママのニーズはあるにもかかわらず、です。

　例えば、「飲食店に幼児食や幼児用の飲み物を持ち込むこと」について、ためらいを感じるパパ・ママは32.1％ですが、一般の方になると48.0％の人が抵抗・ためらいがあると答えました（約1.5倍のスコアです！）。

ケーススタディでは、こういった状況を少しずつでも変えていくために、出産・子育ての当事者に留まらずに、一般生活者の意識改革も視野に入れて行われている取り組みを紹介します。

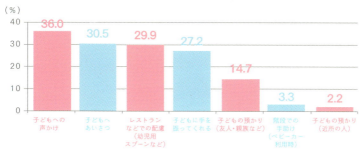

子育て既婚者が他人からしてもらえること
Q. 次の項目のうち、あなたが人から「よくしてもらえる」行為をお選びください。

【出典】1 more Baby 応援団自主調査（14年6月実施）子育て中の既婚者（末子年齢6歳以下）ベース

子育て既婚者と一般生活者の「ためらいのギャップ」
Q. 次の項目のうち、あなたがためらってしまう行為をお選びください。

【出典】1 more Baby 応援団自主調査（14年10月実施）

CASE STUDY 1

パパ・ママの「手助けしてね!」のサインを見えるようにする。

　パパ・ママたちへの風当たりの強さを解消するために、いろいろなシンボルやマークを制定して、一般生活者にもパパ・ママの権利を「見える化」していく試みが行われています。

このマークに気づいて! 子育て関連シンボルマーク

　国は、妊婦や子育て中のファミリーがもっともっと暮らしやすく、過ごしやすくなるように、様々なシンボルマークを制定し、応援しています。

　これは当事者が過ごしやすくなるということはもちろん、一般生活者に対して「子育てファミリーの存在を広くアピールする」ための取り組みの一環です。

マタニティマーク

ベビーカー優先マーク

「手助けできます!」を表す、保育士マーク

「手助けしてね!」の声を表すマークだけではなく、「手助けできます!」という声を表すマークをつくる、というユニークな試みがあります。

任意団体「asobi 基地」がはじめたこのマークは、保育士が、自分自身が保育士であるということを伝えるもの。保育士は「自分は保育士です」ということを示せるのでママやパパに声をかけやすいですし、ママやパパは、保育士マークを見つけて「この人なら信頼して頼める」と、手伝ってもらいやすい、という利点があります。

保育士マーク

約70%ものパパ・ママが、自分の子どもに「声かけ」や「手を振る」、「挨拶」を「よくしてもらえる」と感じていない、その理由のひとつは、多くの人たちが、子どもの存在に気づいていない、子どもを意識していないということ。こうしたマークは、気づかせる、意識させる、そして助けあう、有効な手段ではないでしょうか。

CASE STUDY 2

子連れOKゾーンを増やそう!

　調査でも分かった、パパ・ママと、それ以外の一般の方が考える、子連れOKゾーンの認識の違い。単に、パパ・ママに優しく、というかけ声だけでは、そのズレは埋まりません。

　子連れOKゾーンを明確にすること、そして、さらに子連れOKゾーンを増やしていくことで、パパ・ママと一般の方のぶつかりあいを防いでいく取り組みがあります。例えば、山手線では、2015年秋を目処にベビーカー向けのフリースペースを設けた新型車両が順次導入される予定です。

　また「子連れ優先」という場所を増やしていくだけではなく、さらに一歩進んで、「子連れ専用」という場所をつくっていく試みも盛んになってきています。実際に子育て既婚者対象に実施した「あったらうれしい施策」のアンケートでも、「子連れ専用」の評価はとても高い結果になっています。OKゾーンのズレの衝突を防ぎ、パパ・ママも、気兼ねなくのびのびと過ごせるからです。

子育て既婚者が思うあったらうれしい施策
Q. 次の項目のうち、もしあったらうれしいと思うものをお選びください。

項目	(%)
子ども連れ専用車両のある電車・新幹線	91.5
遊園地・テーマパークなどの子ども連れ貸切デー、もしくは優待デーの実施	90.7
子ども連れ家族専用のホテル・コンドミニアムなどの宿泊施設(もしくは宿泊フロア)	92.9
子ども連れ優先の駐車場エリアのある商業施設	90.2
子ども連れ専用席・エリアのあるレストラン・居酒屋	87.7

【出典】1 more Baby 応援団自主調査(14年10月実施)

ホテルで、飛行機で。続々増える、赤ちゃん専用サービス

「オリエンタルホテル東京ベイ」では、「ベビーズスイート」「キディスイート」というママの声から生まれた客室フロアが存在しています。

安心・安全の「コルク床」を採用したり、いたずら防止の備品や、子ども向けのアメニティが充実し、「育みのアトリエ」というコンセプトの、子どもは楽しく学んで、ママはリラックスできる体験ルーム「ソダテリエ」も設置されています。

オリエンタルホテル東京ベイ「ベビーズスイート」(左)　「ソダテリエ」(右)

また、「JR東海ツアーズ」でも、子連れ専用車両である「ファミリー車両」を用意したプチツアー(プラレール／ワンドリンク／記念撮影などがセットに)を用意していますし、JALでも家族専用機「ファミリージェット」の就航があります。

こうした「赤ちゃん専用」のサービス。いまは、ホテルや飛行機・新幹線など、まだ「非日常」な場面・シーンが多いですが、これがレストランやショッピングモールなど、もっと「日常」のシーンでもあたりまえになるといいですよね。

CASE STUDY 3

子育て家族をずっと切れ目なく見守る、フィンランドの「出産・子どもネウボラ」制度

　子育てをしていると、子どもが病気になったり、成長過程において、いろいろな不安が生まれるもの。でも、妊娠して行くのは病院。母子手帳を貰いに行くのは自治体の役所。出産後も小児科、保健所、役所へ行く必要があり、また病院と一口に言っても、小児科のときも産婦人科のときもあり、通う場所は数ヶ所〜十数ヶ所にもなってしまうこともあります。

　パパ・ママが不安になったとき、いつでも相談できて、その子のことを生まれたときから知っている保育士がいたらいいのに。パパ・ママのことをずっと見守って、切れ目なく支援する、そんなしくみがつくれないか。そんな中、フィンランドの「出産・子どもネウボラ」という制度が注目を浴びています。

ひとりの子どもの成長をずっと見守る、ネウボラ保健師

　フィンランド語で「アドバイスの場所」を意味する「ネウボラ」は、妊娠〜就学期をワンストップにサポートする(切れ目なく支援する)ための地域拠点です。

　「かかりつけネウボラ保健師(通称・ネウボラおばさん)」を中心に、定期的に家族や子どもと対話を重ね、信頼関係を構築していきます。その結果、杓子定規ではなく、個別の子ども・家庭のことを知っているがゆえの、きめ細やかで的確な継続的支援が可能になるのです。

子育てはパパとママだけでするものではなく、ネウボラ保健師という心強いもうひとりといっしょにするもの、という考え方です。「ネウボラおばさん一人にずーっと任せるの？」と思われる方もいるかもしれませんが、

Kimmo Brandt

彼女をコーディネーターとして、専門機関や他組織とも連携できるので、パパ・ママにとって本当に心強い制度になっています。ちなみにこのネウボラは、三重県名張市でも試験的に取り入れられています。また、他にも、パパとママだけではなく、町もいっしょになって、子育てをしていこう、という取り組みはさまざまなかたちではじまっています。

福岡県糟屋郡粕屋町の子育て応援団

その名も、「粕屋町子育て応援団」。自治体、子育て中のパパ・ママに留まらず、幅広く、福岡県糟屋郡粕屋町の多くの住民が、この団体に参加しています。

いくつかのチームに分かれて活動しており、例えば「託児チーム」では、子どもが大好きな方々が、講座を受講し、"託児ボランティア"として活動中です。

IDEAS FOR 2030

すべての人にとって、
子育てを、「他人ごと」から「自分ごと」へ。

　パパ・ママの声がみんなに届くようにすること。パパ・ママとそれ以外の方がぶつからないように上手にOKゾーンを定めること。パパ・ママだけに育児を任せず、国や町、周りの人たちが手助けしていくこと。そして、国全体として、子育てを支援する大原則を打ち出すこと。

　いままで、こうしたケーススタディを紹介してきましたが、子育てに寛容な社会をつくる決まった答えは、まだありません。

　みんなの意識を変えるために、いちばん大事なのは、子育てをしていない人も含めて、みんなが子育てを「人ごと」ととらえるのではなく、「自分のこと」として考えるようになること。

　子育てをみんなで応援するアイデアを、あなたも考えてみてください。

こども大国ニッポンにむけて
子育てをみんなで応援するアイデアを考えてみよう

　例えば、子どもが生まれたら、畑がもらえる！ 子育てといっしょに、農作物も育っていく、というアイデアはどうだろう。

　例えば、お座敷列車のような子ども専用車両があったらどうだろう。

　例えば、百貨店の中のエレベーターのひとつを、子ども用に滑り台にしたらどうだろう。

子どもを育てやすい
環境をつくるために
自治体に、企業に、わたしたちに
できることって、なんだろう。

COLUMN 5
「日本の街中のいろんな場所で、保育士が活躍できる社会を夢見ています」

小笠原 舞 氏

　社会人から保育士になり、やっと仕事に慣れた頃、ふとこんなことを思いました。

　「どうして保育士は保育園にしかいないのだろう？ 子どもと、家族、保育園、社会はつながっているのに。社会に対して、"保育士として"できることは、実はもっとあるのではないだろうか？」

　保育士の仕事を俯瞰的に見てみると、保育士とは、家族の代わりに子どもたちの生きる瞬間を共にし、子どもの暮らし・成長をサポートする人のこと。その強みは、多様な子ども、多様な家族と出会うこと＝たくさんの子どもの個性、家族の個性を知れることだと感じています。一方、テレビをつければ、虐待をはじめとする子どもに関わる悲しいニュースが日々伝えられています。

　「どうしてこんなことが起こるのだろう？」

　人間の基本的な成長はいつの時代も変わらないもの。時代と共に変わっていくのは、社会、コミュニティの形、コミュニケーションの仕方、家族観、子ども観。"子育てをする"＝"命を育てる"ことなのに、学びの場、家庭への子育てサポート、そして子育てを社会で行うための環境整備がおろそかに

こどもみらいプロデューサー
「合同会社こどもみらい探求社」共同代表

なっているのではないかと感じました。そんなことを考えていた頃、同じ思いを持った一人の保育士、小竹めぐみと出会い、園を超えて活動を始めることを決意しました。

　保育士の経験を活かして、家族が集い、様々な体験を共有できる子育て支援のコミュニティ「asobi基地」を立ち上げ、社会の中でママ・パパ・保育士をつなぐきっかけづくりとして「保育士マーク」もつくりました。いまは、昔の村のようにみんなで子育てをするシェアオフィス「Ryozan Park 大塚 こそだてビレッジ」の企画のお手伝いをしています。

　"保育士 × 社会デザイン"という発想で見てみれば、保育士ができることはまだまだありそうです。全国にいる潜在保育士は約57万人。その保育士たちが、1人1人のできること、したいことを形にしたら、どんな社会になるのだろう。子どもたちのために、そして、かつて子どもだった大人のために。2030年に向けて、日本のあらゆる場所で、保育士が活躍しながら、家族をつなげ、地域をつなげている、そんな社会をつくっていけたら、と思っています。

COLUMN 6
「人が育つことの中に、たくさんの可能性がある」

内田 恭子 氏

　子どもを産んだことで、自分でも気づいていなかった意外な側面を、たくさん発見することになりました。自分のことなら「なんとかなる」と捉えていたことも、子どものことになると生真面目に計画を立てて考える自分や、栄養面をしっかり考えて食事をつくるようになった自分だとか。

　「知りたい」と思うことも増え、長男が生まれてから、女性が楽しみながら学び、それが社会貢献にもつながる場、「Iena's」の活動をはじめました。子育て中の女性だけではなく、起業家の方など、いろいろな方と出会うことで、それまでよりずっと、世界が広がっていったんです。

　人にはいろいろな選択や幸せがあると思います。それが子育てである必要は必ずしもなくて、全く違う人生を歩んでいても、それぞれの生き方を尊重しあうことはできるし、互いの人生が交わり合い、想像もしなかった新しいことが生まれる可能性だってありますよね。

　人生には、自分が体験するまで気づかないことがたくさんあります。例えば、赤ちゃんを抱えて買い物にでかけなくてはならないとき、オムツやミルクは

キャスター・エッセイスト

　どうしたらいいのだろうとか、ドアを開けることがこんなに大変なのだということを、私は体験するまで分かりませんでした。「命を育てる」という視点から考えると、人間って、本当は共通項をいっぱい持っているはずなんですよね。私は自分が親になり、そう考えることができるようになったことで、心のガードがひとつ外れたような気がしています。だから、人が育つ上で体験するいろいろなことについて、みんなが気づいていくことで、互いを思いやり受け入れあう社会に、きっとなっていけると思うんです。

　先日、息子がお年寄りの施設に遊びに行く機会がありました。おじいちゃん、おばあちゃんと遊んだり、折り紙などを教えてもらっている光景を見て、本当に素敵だなと思いました。子どもには、人を元気にさせる不思議なパワーがあると思います。2030年には、子どももお年寄りもみんなが一緒に幸せに暮らせる社会をつくっていけたらいいですね。

KEYWORD 3
お金の話

子育てはお金がかかる。
少子化の解決には、子育て世帯の経済的悩みを
解決することが必要です。

PROBLEM

「産みたい」という気持ちにブレーキを
かけているのが、子育てによる経済的負担です。

　「結婚のタイミング」の章でも述べたように、いまの日本では「理想の数だけ子どもをもうけることができない夫婦」が多くなっています。その最大の理由は、「子ども1人あたりの子育て、教育にかかる家庭の経済的負担が大きいこと」です。

　大学の進学率が50%を超えた昨今、幼稚園から大学卒業までにかかる教育費は、1人あたり「1345万円」(すべて公立で計算：出典AIU保険会社)といわれており、親の経済的負担はかなり大きなものになっています。日本の平均世帯収入は、1990年代半ばをピークに下がり続け、近年上昇傾向にあるものの、ピーク時の8割程度に留まっています。

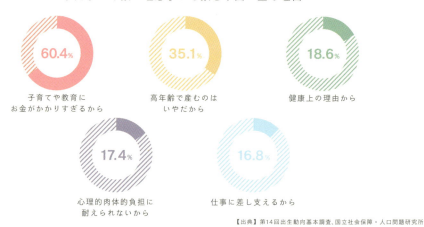

予定子ども数が理想子ども数を下回る主な理由

- 60.4% 子育てや教育にお金がかかりすぎるから
- 35.1% 高年齢で産むのはいやだから
- 18.6% 健康上の理由から
- 17.4% 心理的肉体的負担に耐えられないから
- 16.8% 仕事に差し支えるから

【出典】第14回出生動向基本調査、国立社会保障・人口問題研究所

海外の他の先進国に比べて、まだまだ低い、日本の直接的経済支援。

　そもそも日本は、家族関係（子育て家族支援）の社会支出予算が海外の先進国と比べてかなり低いのです。

　現在、子育て世帯への「経済的支援」は、主に、「妊娠・出産時」「子育て期間」「子どもの医療費」「子どもの保育・教育費」の4つの領域で行われています。育児休業給付金は、支給率が、休業開始前の賃金の50％から、67％に上がりましたが（2014年4月より）、それでも、社会支出の中身を見ると、海外の先進国と比べて、「施設」や「サービス」での支援が多く、直接的な経済的支援には消極的です。実際、児童のいる世帯の2/3が「経済的に苦しい」という意識を持っています。

世界各国のGDPにおける家族関係社会支出の割合と出生率の関係

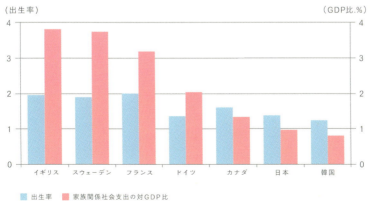

【出典】Social Expenditure Database(OECD)

PROBLEM

日本における、国や自治体の子育てに関する主な経済的支援

①「妊娠・出産時」

- 妊婦健康診査の助成
- 出産祝い金の給付
- 出産費の助成（出産育児一時金）

②「子育て期間」

- 育児休業給付金
- 児童手当

③「子どもの医療費」

- 医療費の無償化
- 予防接種の助成

④「子どもの保育・教育費」

- 保育料の助成・無料化
- 認可外保育施設の保育料助成

共働きで家計を支えるのが、あたりまえ。
だから、子育てで妻が離職すると…。

　「共働き」がスタンダードになり、多くの家庭で共働きの収入を基準に家計が成り立っている中、子どもを出産すると、女性の半数は離職するという労働環境にあるため、子育て世帯の経済環境は、さらに厳しいものになっています。
　子育て世帯の「経済的な悩み」を解消するためには、女性の就業支援の推進、つまり共働きができる環境の整備もきわめて重要。この点は、企業のこれからの取り組みに期待されているところです。

CASE STUDY 1

フランスの成功に学べ！子どもが多いほど、ちゃんと手当が受けられる、国のしくみ。

　フランスの出生率は、過去最も低かった1.73（1994年）から、10〜15年程度で2前後にまで回復を遂げました。その政策を見てみると、日本と比べ、もっとストレートな経済的な支援施策を実施しています。

子どもが多いほど、家計が楽に。フランスの少子化対策

　フランスでは、第2子以上を養育する家庭に、非常に手厚い「家族手当」を支給しています。日本では多くの制限があるのに対し（主には年齢制限と所得制限）、フランスは第2子以降ではあるものの、所得制限はなく、20歳未満の児童が対象になるなど非常に寛容です。かつ、金額も日本よりも高額で、11歳以上と16歳以上の児童には加算して手当が支払われます。

　また、税制の面でも、世帯構成数が多いほど、税率が圧倒的に低くなり、納税額が抑えられる「N分N乗方式」が採用されています。世帯の総所得を世帯員数（夫婦＋子ども）で割った上で、累進税率を適用し、納税額を算出するしくみ。子どもの人数が多い家庭に金銭的なインセンティブが多く与えられることになります。

　日本でも、子育て中の既婚者に行った全国調査では、「もう1人の出産の後押しになる行政施策」が「子育て施設やサービス」よりも、「直接的な経済支援」であることが分かりました。その声にストレートに応える施策は、もっと考えられていいのかもしれません。

もう1人の出産の後押しとなる行政施策ランキング

(％)

1	出産費の助成（出産育児一時金）	67.4
2	出産祝い金	66.3
3	児童手当・児童扶養手当	66.0
4	子どもの医療費助成	64.8
5	小児医療費を助成	62.9
6	買い物券などの新生児誕生祝い品	61.0
7	認可外保育施設の保育料助成	60.7
8	延長保育の実施	57.4
9	幼稚園での預かり保育	56.8
10	予防接種・任意予防接種の助成	55.2
11	一時預かり保育	54.0
12	不妊治療費助成事業	53.9
13	認定こども園の増設/整備	53.5
14	児童のいる家庭への住居購入に際する助成金	52.8
15	病気の/または病み上がりの子どもの保育	52.4

【出典】1 more Baby 応援団自主調査（14年10月実施）　子育て中の既婚者（末子年齢6歳以下）ベース

シラク大統領（当時）が進めた育児三原則

その1
子どもを産む、産まないは女性固有の権利。しかし子どもを産みたいときと女性の経済状態が一致するとは限らないので、乖離は国家ができるだけ埋めるようにする（子どもをたくさん持っても新たな経済的負担が生じないようにする）。

その2
原則無料の保育支援

その3
（育児休暇から）職場復帰するときは、育児休暇の間、ずっと勤務していたものとみなして職場は受け入れなくてはいけない。

CASE STUDY 2

自治体の腕の見せどころ。
子育てがしやすい町が、いま人気の町に！

　近年、経済的支援の充実を図る自治体も増えてきています。医療費の無償期間を"長期化"し、中には、高校生まで医療費無償（千代田区／安城市／吉備中央町／輪之内町等）にする自治体も現れてきています。

　さらに、ユニークな取り組みを行う自治体も出てきました。

移住者には、家の半額、町が負担します。
島根県邑南町の子育て支援

　島根県邑南町（おおなんちょう）の「住宅補助制度」。「移住者が住むために建築する住宅の建築費の1/2を町が負担（最大500万円）」と「低賃料で住宅地を貸し出す（10年在住で土地を無償譲渡）」という支援をしています。

幼稚園から英語が学べる。福島県磐梯町の幼小中一貫教育

　福島県磐梯町では、幼稚園から中学校まで、ひとりひとりの子どもの成長を継続的に見つめる、幼小中一貫教育を導入（さらに幼稚園は無料）。さらに、幼稚園でも週2回、日本語をまったく使わない英語の時間をもうけています。それが評判になり、転入者が増え、年少人口も、2009年は452人だったのに対して、2014年には475人と増えています。

企業もいっしょになって、おむつを無償提供。
四国中央市のおむつ支給事業

　四国中央市の地元の企業、ユニ・チャーム、大王製紙株式会社の協力により、1歳になるまでの子どもがいる家庭に、おむつを無償提供する事業「乳幼児おむつ支給事業」を実施しています。企業といっしょに取り組んでいるところがユニークな点。企業にとっては、ブランドのPRの効果にもつながっています。

　「子育てがしやすい町」と聞くと、町自体が人に優しい、人のぬくもりのあるあったかくていい町…そんなイメージもわいてくるのではないでしょうか。少子化という課題を解決すると同時に、町の魅力もアップする、そんなチャレンジが、もっと多くの町に広がっていくことが期待されます。

CASE STUDY 3

子連れ出勤OK！企業での働き方も、子育てを中心に、リデザインを。

　共働きが前提の家計にとって、子どもを産んだ後も、女性が働き続けられる環境をつくることは、経済的にも重要なポイント。そのためには、夫が子育てに参画すること、さらに、子育てしながらでも働き続けられる企業の環境整備が必要です。

　厚生労働省雇用均等・児童家庭局は、2010年から、イクメンプロジェクトをスタートし、子育てを楽しむ夫を増やすことを推進し、夫の育児休業取得率も少しずつ上がってきています。

　また、企業側でも、「子育てをしながら働く」ことをマイナスではなく、プラスととらえる企業も現れてきました。

スタッフのほとんどが子連れ出勤！
授乳服メーカー「モーハウス」

　近年、深刻な保育園不足から、子どもの保育園を探す活動（保活）に疲弊する親が増えています。母親が働くためには、子どもを保育園に預ける以外の選択肢はないのだろうか。ずっと子どもの側にいながら働き続けるという選択肢をつくれないだろうか。授乳服メーカー、モーハウスは、そんな想いを持つ光畑由佳さんが立ち上げた会社。ほとんどのスタッフが、子連れで出勤しています。ユニークなところは社内に託児所をつくらずに、赤ちゃんが母親の側にいるというところ。

　チームで働くことで、子どもが熱を出してひとりが急に休んでも対応できるようにしたり、さまざまな工夫も。さらに、モーハウスのショップでは、店員も自分の赤ちゃんを抱っこしながら「ママの気持ちが分かる店員さん」として働いています。

　モーハウスのようなことは、授乳服メーカーだからこそできることで、すべての企業で取り入れることはできないかもしれません。

　ですが、残業をゼロにする、在宅勤務の範囲を広げる、など、企業が、それぞれの企業ならではの方法で、「働き方のかたち」を子育てを中心にリデザインすることが求められているのではないでしょうか。

IDEAS FOR 2030

子どもがいることが、親にとって、
人生の可能性を狭めるものじゃなくて、
可能性を広げるものに!

　子どもが生まれると、経済的に大変。よく聞く話です。この章で話してきたのは、そうしたマイナス面を0にする方法です。フランスでは、子どもを育てたとしても、その負担分を国が帳消しにできるような経済的支援を行うことを目指しています。
　でも、本来は、子育てって、マイナスではなく、プラスのこと。可能性や価値を広げること。例えば…

こども大国ニッポンにむけて

2030年、子どものアイデアで企業にイノベーションが起きる?

　子どもたちも、パパ・ママといっしょに出社し、アイデアのブレーンストーミング! 2030年には、子どものアイデアで、商品開発をすることで、大人の凝り固まった発想を打ち破れる企業が現れるかもしれません。

こども大国ニッポンにむけて

2030年、育休取得ナンバーワン企業が、就職したいナンバーワン企業になる?

　企業の先進性を測る基準は、2030年には、英語ではなくて、育児休業取得率になるかもしれません。

子育て夫婦への応援のかたち、国も企業もいっしょになって考えていかなくちゃ。

COLUMN 7
「父親であることを楽しもう」
安藤 哲也 氏

　最近は育児に積極的な男性が増えました。自宅で赤ちゃんのケアをしているパパは多いでしょう。しかし父親も育児をするようになればいろいろなことで悩みます。特に第一子の「はじめての育児」は「ちゃんとやらなければ」と肩にチカラが入ってしまうものです。そして育児書を読み漁り、頭ではできたつもりになるが実際はそう思い通りにはいかないのです。父親が育児にまだ何となく「ぎこちない」のは技術の問題だけではなく、おそらくまだ私たちの意識を含む社会全体が、古典的な男女役割分担意識に囚われているからでしょう。外で働き収入を上げ家族を養うことが父親の役割で、育児や家事は母親がやるもの、と思いこんでいる人はまだ多いのです。

　そういう私も20代の頃は好きな仕事に没頭していました。でも35歳で結婚し娘が生まれたとき、直感的に「育児って義務ではなく、楽しい権利なのではないか？」と思ったのです。子どものいる人生をめいっぱい楽しみたい。私が主体的に子育てに関わることで、家族が幸せになり、子どもも増えるだろう。また人として自分も成長していけるのでは？　という予感があったのです。

一般財団法人1more Baby応援団　評議員
NPO法人ファザーリング・ジャパン　代表理事
NPO法人タイガーマスク基金　代表理事

そのためには独身の頃と同じことをしていてはダメだ。まずは「男は仕事。女が家事育児」といった古い価値観を捨てる。つまり自分の中のOS（オペレーティング・システム）を入れ替えねばと悟りました。実際、子育てにはいろいろなアプリケーションが必要で、それを円滑に駆動させ育児を楽しむためには、古くて堅い父親（夫）像を追い出し、自分こそが「新しい父親モデル」になるくらいの強引なOSの入れ替え作業（意識改革）が必要だったのです。OSを新しくするには育児休業の取得は大きなチャンスです。新しいパパは当事者意識を持って取得して欲しい。そして子育てを実践しながら自分と家族の未来予想図を描いてみてください。働き方を少し見直し、子どものいる暮らしを楽しむことで、父親も豊かな人生を送ることができます。自分の人生を肯定するあなたの笑顔こそが、夫婦間のパートナーシップや子どもの自尊心を育みます。父親であることを、明日からもっと楽しんでみませんか？

COLUMN 8
「つながりや助け合いの あたらしい形が、きっとみえてくる」
別所 哲也 氏

　40代で父親になりましたが、胎盤剥離で超低体重児だったこともあり、出産から産後ケア、育児に至るまで、本当に驚きや発見の連続でした。子連れ同士、知らない相手とも積極的に声をかけあうようになったり、体育会系で年功序列思考だった自分が、年下のお父さん・お母さんたちみんなを「先輩」と呼ぶようになったりと、人とのつながり方、コミュニケーションの取り方やコミュニティとのつながり方、風景の見え方も、子どもができて、がらりと変わってきて。

　痛感するのが、ママさんネットワークのパワフルさです。男同士ってプライドもあって、なかなか子育てについて打ち明けあったりできないことが多いんですね。だから、ソーシャルネットワークを使って、子育てを支援しあう人たちを結びつけている女性の話なんかを聞くと、すごいなあと思います。

　「子育ての前に奥さんケアが旦那の仕事」と言われたことがあります。そのことを強く実感したのは、妻が海外出張に出て、はじめて自分ひとりで子どもをみることになった時のことでした。もし何かあったらどうしようと、ドキドキの連続で…。普段奥さんに育児を頼ってばかりいるなら、一日でも奥さんなしで

俳優・「ショートショート フィルムフェスティバル & アジア」代表

　子育てをしてみると、その大変さが実感できていいと思います。うちは国際結婚ということもあり、育児観に夫婦の違いもあります。子どもを介して、そして時には子どもを介さずに、互いを理解するための時間を取ることも大切ですよね。

　子どもはみんな、誰かに迷惑をかけ、人に助けられながら育っていくもの。子育てはいのちの循環の一部なのですから、地域や職場も、もっとおおらかな場になっていいはずだと思うんです。企業や国も、業績やGDPへの貢献という物差しだけではなく、子どもを大切にする豊かさが評価されるようになる制度や意識の変革も必要です。

　日本は少子化でも、世界に目を向ければ、アフリカをはじめ子どもが急増しているところもたくさんあります。自分の国のことだけではなくて、そうした世界の子どもたちのために何ができるか、という視点も大事ですよね。

　こども大国って、単に子どもがたくさんいる国ということじゃない。子どもを大切にする知恵やしくみ、技術、子どもに向きあう姿勢が世界から尊敬されるような日本をつくっていけたら素敵ですね。

COLUMN 9

「かぞくを、もうひとり」の夢をかなえるために

玉木 伸弥 氏

　日本に"2人目の壁"があることを知ったのは、妻が妊娠7ヶ月で、お腹には第2子となる娘がいたときです。「理想の子どもの数は2人。でも、経済的な理由や仕事の環境で2人目の出産になかなか踏み切れない」──そんなパパ・ママが多くいる現実を目の当たりにし、日本の将来のために何かしなくては！という想いを強く持ちました。様々なことを探りながら、試行錯誤し、こども大国ニッポンを実現するために設立したのが1 more Baby応援団です。

　この問題の解決が簡単ではないことを、私は知っています。育児休業や時短勤務が取りづらい現実、仕事と子育ての両立や経済的にやっていけるのかという不安を抱く気持ちも同じように経験したからです。しかし、2児のパパになった私の経験から言えるのは、「不安の先にはたくさんの幸せが待っている」ということ。わが家の場合は、以前より子育てが楽になり、みんなが明るくにぎやかになりました。驚いたのは、娘が生まれた当時まだ2歳だった息子にお兄ちゃんとしての意識が芽生えたことです。最初は赤ちゃんをこわがっていたのに、すぐに小さな体で抱っこしようとしたり、お母さんを助けなきゃ

一般財団法人1more Baby応援団　応援団長
タマホーム株式会社　代表取締役副社長兼COO

という思いが生まれてきたり。そんな子どもの変化に親である私たちもたくさん気づきをもらい、今も毎日たくさんのドラマが生まれています。

　壁の向こうに幸せが待っている——私たちが実施した調査においても、2人以上の子どもを持つパパ・ママのほとんどが幸せを実感していることが明らかになっています。1more Baby応援団では、これまで様々な情報発信やシンポジウムを行ってきました。そのなかで同じ想いをもった企業やNPO、自治体、個人の方々が多く存在することを改めて知り、今後はその輪を日本中に広げていきたいと思っています。

　"2人目の壁"を乗り越え、「もうひとり！」とにこやかに思える輪がひろがるように、国民ひとりひとりが応援しあう社会になることを願って、1more Baby応援団は、これからも全力で活動します！

あとがき

森 まさこ 氏

『こども大国ニッポンのつくりかた』、いかがだったでしょうか？

いま、日本の多くの人たちが、少子化や人口減少の問題に大きな関心を寄せています。

人口が減って消滅する自治体が出てくるかもしれない。あるいは、一人あたりの社会負担が大きくなって大変なことになるのではないか。そんな具体的な課題の対策はもちろん必要ですが、何よりもまず大切なのは、若い世代のひとたちが、家族を持つことや子どもを育てることに希望を持って生きていける社会を実現することではないでしょうか。

私たちはそんな気持ちから、少子化問題が解決した未来のイメージをみんなで思い描き、そんな社会を実現するためのヒントやアイデアを広めていくために、この本をつくりました。

成功事例として紹介されているフィンランドやスウェーデンも、20〜30年ほど前は今の日本に似た少子化問題を抱えた国でした。けれども、さまざまな施策を導入した結果、人びとの意識も変わり、出生率はV字回復しています。

一般財団法人1more Baby応援団　理事長
参議院議員　前少子化担当大臣

　そして、実際に日本の自治体や企業にも、既にいくつかの素晴らしい事例が生まれつつあるのです。
　少子化について考えることが、個人の選択肢を広げ、社会がより暮らしやすい場所になるためのきっかけになると考えたら、この問題が、少し違って見えてきませんか。
　子どもが欲しいという気持ちを応援し、子どもを安心して育てられる社会を目指して。いろいろな立場の人たちと一緒に力を合わせて取り組んでいけたら、とても嬉しく思います。

こども大国ニッポンのつくりかた
1 more Baby応援団

2015年5月30日　第1刷発行
編　　者	一般財団法人1more Baby応援団
イラスト	小池ふみ
構成・文	並河進　大八木翼
データ分析・文	三輪慎一郎
デザイン	杉山ユキ　高橋佳杏
リサーチ	藤平達之　千藤恭裕
執筆協力	今井麻希子

発行者	小黒一三
発行所	株式会社木楽舎
	〒104-0044　東京都中央区明石町11-15
	ミキジ明石町ビル6F
	TEL 03-3524-9572
	http://www.sotokoto.net
印刷・製本	大日本印刷株式会社

©2015 KIRAKUSHA
ISBN 978-4-86324-088-9 C0036 Printed in Japan

※ 落丁本、乱丁本の場合は木楽舎宛にお送りください。
　送料当社負担にてお取り替えいたします。
※ 本書の内容を無断で複写、複製することを禁じます。
※ 定価はカバーに表示してあります。